JN440504

자연과 인생

조혜식 21번째 시집

오늘의문학사

국립중앙도서관 출판시도서목록(CIP)

자연과 인생 : 조혜식 스물한번째 시집 / 지은이: 조혜식.
-
- 대전 : 오늘의문학사, 2016
p. ; cm

ISBN 978-89-5669-761-1 03810 : ₩10000

한국 현대시[韓國 現代詩]

자연과 인생

축하의 글

조혜식 시인의 스물한 번째 시집 발간에

1933년 충북 괴산에서 태어나셔서 올해 83세이신 조혜식 시인이 스물한 번째 시집 『자연과 인생』을 발간하신다고 알려왔습니다.

30여 년 동안 초등학교 교직생활을 하시다가 퇴직을 하신 조 시인은 회갑 직전부터 교직생활을 하며 보고 들은 지식과 경험을 바탕으로 시와 동시를 쓰기 시작하였는데, 시인으로 등단하기 전에 이미 『흘러간 내 그림자』(1989), 『갑사댕기』(1990) 등 두 권의 시집을 세상에 내놓으셨습니다. 그 후 거의 매년 한두 권의 시집을 발표하셔서 스무 권의 시집을 세상에 내놓으신 조 시인님은 전국의 수많은 문학인들로부터 많은 부러움과 함께 찬탄을 받고 있습니다.

희수를 바라보는 고령임에도 불구하고 조혜식 시인의 문학에 대한 열정은 식을 줄 몰라 또 한 권의 시집을 출간하신다는 반가운 소식을 전해 들으면서 조 시인이 우리 한국공무원문학협회에 보여준 열성을 다시 한 번 생각해보게 해줍니다. 특히 조혜식 시인님은 오랫동안 우리 협회의 고문으로 활약하시면서 문학이나 인간생활에서 훌륭한 후배들의 모범이 되셨으며 매년 수시로 열리는 문학세미나와 각종 모임 때면 단골 시낭송가로 활동을 하고 계십니다.

1992년 2월 창립한 우리 한국공무원문학협회는 매년 꾸준히 문집을 발간해 오다가 2015년 행정자치부에 비영리민간단체 등록을 마치고 문집 계간 《공무원문학》도 정기간행물 등록을 마치고, 전국의 회원들은 물론 중앙 각 부처, 광역 및 기초 지방자치단체의 장과 교육청에까지 배포하고 있습니다. 전국적인 문예지로서 많은 문학인들이 참여하고 싶어하는 우리 협회에 조 시인님이 물심양면으로 도와주시는 정성이 더욱 빛을 발하게 될 것을 굳게 믿으면서 다시 한 번 스물한 번째 시집 『자연과 인생』의 발간을 축하드립니다.

한국공무원문학협회장 정 승 열

책 머리에

하늘, 땅, 바다, 강, 산, 태양, 별, 나무, 꽃, 곡식, 물, 새, 바위, 모래, 이루 헤아리기 어려운 소중하고 위대한 자연, 우리 인생은 자연의 일부입니다. 우리는 그 자연과 밀접한 관계를 맺으며, 또 그 속에서 오랜 세월 함께 생활하고 있습니다.

사랑은 행복의 근원이며 평안하고 건강한 생을 누리게 하여 줍니다. 인생에 있어서 사랑은 우리가 매일 호흡하고 있는 신선한 산소라 할 수 있습니다.

꿈이 있는 인생, 희망이 있는 인생, 보람된 인생, 아름다운 인생은 많은 사람들의 염원이기도 합니다. 틈틈이 쓴 글들을 모아서 스물한 번째의 시집을 만들어서 세상에 내놓습니다.

2016년 6월

조혜식

조혜식 제21번째 시집 『목차』

자연과 인생 1

1 자연과 인생

밝아 오는 아침 2

2 밝아 오는 아침

어느 날의 생각 3

3 어느 날의 생각

내 마음 4

4 내 마음

제 1 부

자연과 인생

1985년 여름
속리산에서
인생은 고해이나
나무를 사랑하자

자연과 인생

키 작은 풀잎
연약해 보여도
비바람을 이겨내며
당당히 커간다.

푸른 잎이 낙엽 되고
우리 모두 풀잎처럼
나무를 사랑한다.

인생은 고해와
시간의 재가 쌓여
짧은 비명과 더불어
흙으로 돌아간다.

아름다운 인생

아름다운 인생이란
즐겁게 일하고
사랑으로 봉사하며
풀잎같이 싱싱한 것이다.

아름다운 인생이란
인생을 배우며
배운 것 실천하며
호수처럼 조용한 것이다.

아름다운 인생이란
무지개처럼 화사하게
꽃처럼 아름답다가
낙엽같이 가는 것이다.

아름다운 인생이란
바람같이 스쳐가는
미련 없는 삶인 것이다.

인연을 생각하며

사람들은
인연이란 이름의
여러 옷을 걸치고 산다.
의지 하나로
인생을 산다지만
우리는 인연으로 산다.

정해진 운명이나
삶은
어쩔 수 없는 천륜이다.
자연에 순응하며
욕심 없이
인연을 가꾸며 살고 싶다.

인생은 무엇이라 말할까

인생은 흘러가는 물일까?
떠돌다 사라지는 구름일까?
보일 듯 보이지 않는 안개인가?
피었다가 떨어지는 한 송이 꽃잎인가?
보이지만 잡을 수 없는 그림자인가?

가을이 오면 떨어지는 낙엽일까?
어두워지면 잠 잘 곳을 찾는 동물일까?
희로애락 등에 지고 산행하는 건가?
사랑하고픈 마음을 안고 살아가는 존재인가?
다람쥐 쳇바퀴 돌 듯 제자리를 맴도는
존재인지도 모르겠다.

인생은 제자리

서럽고 힘들게 살아온 세월
돌아보면 기나긴 반세기.
외롭지만 씩씩하게
거친 세상을 헤쳐 나가도
언제나 나는 제자리.

착하게 소녀처럼 살려고 했지만
비바람 눈보라 너무 거세어
진실은 허공에 떠있는 무지개.
쉬지 않고 달려온 길은
언제나 변함없는 제자리.

세월따라 함께 늙어가는데
하나 둘 사라져가는 모습들.
텅 빈 넓은 세상에
텅 빈 작은 내 가슴
언제나 인생은 제자리.

인생은 고독한 길

우리가 걷는 길은
멀고 험한 길,
목적지가 보이지 않는
아득한 길인가.
허허로운 가슴 안고 달려보지만
가도가도 제자리
숨가쁜 영혼
인생은 고독한 길.

밀고 당기고
힘들여 달려가다 뒹굴어도
승부가 나지 않는
인생은 줄다리기,
앞서가고 뒤따르고
언젠가는 가야하는 외로운 길.
혼자서 가야하는
인생은 고독한 길.

바람길 인생길

가을볕에 곱게 익었나?
빨간 고추잠자리

저녁노을
키 큰 꽃대 위에서
신나게 그네를 탄다.

흰 구름 한 조각 둥둥
저녁하늘에 띄워놓고
들판에서 언덕으로
언덕에서 산등성까지
한달음에 비켜간다.

늦가을 저녁노을이
우리 인생 한 자락
꿈만 같다.

신비로운 자연과 인생

하늘엔 흰 구름이
흘러야 운치롭고
땅 위에는 인간의 삶이 있어
길고 영원하다.

산에는 나무가
푸르고 무성해야 산이고
인간은 착하고 진실하며
성실해야 참 인간이다.

강물은 아래로 흘러야
맑고 깨끗하며
사람은 순수하며 정직해야
올바른 인생이다.

모든 생물에는 생명이 있고
우주만물의 오묘한 이치와 섭리
자연은 더없이 위대하고
신비롭다.

세월은 가는데

산을 넘고 바다 건너
호수 보며 들을 지나
행복하고 기쁜 날도 있었고
때로는 뼈를 깎는 아픔을 딛고
젖은 눈물 말리면서
예까지 왔다.

인생은 하늘의
한조각 뜬 구름이라 했던가.
인생은
한줄기 바람이라 했던가.
아래로만 흐르는 강의
물결이라 했던가.

한 해, 두 해, 십 년, 오십 년
한세월 숨가삐 살아
이제 산마루 언덕에서
이마엔 주름, 흰머리 나부껴도
그리운 건 내 사랑
영원한 불빛 하나 있다.

한세상 사는 것이

한 세상 사는 것이
흘러가는 바람이듯
스러지는 구름이듯
모두가 부족하나
소망 하나 펼친 여백.

낯선 마을 고향 되어
이웃과 오순도순
사랑의 둥지 틀고
끈끈한 정 화합으로
서로 돕고 살리라

산다는 것은

산다는 것은
추웠던 겨울 지나
얼었던 밭고랑이
따스한 햇살에 부드럽게 녹으면
씨 뿌려 싹 틔워 양식 장만하고
마실 물 정갈하게
입을 옷 따뜻하게
땔감이 넉넉하다면
모두가 잘 되리.

하늘과 땅이 주는
오곡식의 넉넉함은
힘센 그 누구도 빼앗지 못함이니
하늘에는 작은 새들
강물에는 물고기
어제는 비 내리고, 오늘은 바람 불어도
산다는 것은
마음의 욕심 모두 버리고
세월 따라 흘러가는 유수 같은 것이리.

꿈이 있기에

꿈이 있기에
태양처럼 강렬한
당신의 뜨거운 정열이 있다.

꿈이 있기에
별빛처럼 밝게
피어나는 당신의 미소가 있다.

꿈이 있기에
깊은 산처럼 포근한
당신의 진실된 사랑이 있다.

꿈이 있기에
바다처럼 넉넉한
변함없는 당신의 믿음이 있다.

가슴과 가슴으로 흐르는 마음

마음과 마음으로
맺어진 사랑
그대에게 향한 푸른 하늘
그 곳엔 자유와 희망이 있다.

가슴과 가슴으로
끝없이 흘러드는 사랑
그대를 향한 넓은 바다
그곳엔 질서와 평안이 있다.

영혼과 영혼으로
믿음 안에 다짐한 사랑
그대를 향한 내 모든 것
가슴으로 흐르는 사랑이다.

고개를 숙이면 복이 온다

욕심 부려
복을 원한다면
복은 점점 멀어지는 것이다.
내가 아는 모든 사람들이
내 뜻대로 움직여 주길 바란다.
상대가 내 뜻을 따라주면
복이라고 생각한다.

상대를 내 마음대로 하려니까
오히려 내 뜻대로 안 되는 것이다.
진실한 기도와 사랑으로
배려하고 이해하며
고개를 숙이고 겸손하면
자연스럽게 다가오며
내게 복이 온다.

노후를 위한 기도

정중히 무릎 꿇고 앉아
지그시 눈을 감고
두 손을 모아 합장하고
노후의 평안과 건강을 염원하며
간절한 마음으로 기도한다.

마음의 친구를 사귀어
오래도록 우정을 돈독히 하여
깊은 정을 나누며 생활하고
내 적성에 알맞은
취미활동을 열심히 하며 기도한다

행복은 누가 갖다 주는 것이 아니다.
우리 스스로 꾸준히 운동을 하고
알맞은 음식조절을 하며
매사에 긍정적 마음을 갖고
건강하고 행복한 노후를 맞이하도록
고개 숙여 간절히 기도한다.

보람된 나의 인생

나이를 생각하지 않고
꾸준히 젊은 마음으로
하루하루를 열심히 살아간다.
지금까지 살아온 내 삶
말년까지 이어지길 바란다.

항상 청춘으로 살고 싶은 마음
예쁜 꽃과 화분으로
집안을 가꾸며 청결히 하고
아름답고 정서적인
보람된 인생길을 가고 싶다.

조금이라도 더 좋은 시를 쓰는 것이
나의 꿈과 소망이다
깊은 감동과 공감대를 주는 문학
생명의 빛이 되는 시를 쓰며
아름다운 인생으로 살고 싶다.

아버지가 만들어 주신 연

밤새 매섭게 불었던 바람
뒷집 마당의 마른 감나무
아무도 눈길 주지 않는데
감나무 꼭대기에 매어달린
하늘 날고 싶던 한 가닥의 연.

아버지가 만들어 주신 연
가는 줄에 온몸 맡긴 채
끈질긴 생명력처럼
비바람도 무섭지 않다며
너울대며 춤을 춘다.

푸른 산이 굽이굽이 이어져 있고
산 앞에는 갑천이 흐르건만
연이 쉴 곳은 감나무 꼭대기 뿐
더 높은 창공으로 날고 싶다며
나를 보고 손짓한다.

불영계곡

살아있는 그대로
자연의 신비한 숨결을
그대로 간직하고 있는
수려한 불영계곡은
15km에 걸쳐
깊고 깊은 계곡이 이어져
한국의 그랜드캐년이라
불리울 만하다.

계곡을 둘러싼
기암괴석의 향연과
맑은 물 깊은 숲은
사계절 모양을 바꾸며
찾는 이로 하여금
신비경에 빠져들게 한다.
숲과 계곡의 아름다움을 간직한
흐뭇한 마음의 불영계곡.

새벽이 하루를 연다

서산에 노을 묻혔던 어제가
부활하는 새벽아침
위대한 자연의 섭리
돌고 돌아 한결같이
정확한 조물주의 신비.

어둠을 가르는 따스한 햇살
풀잎에 방울방울 맺힌 이슬
사방의 희뿌연 안개도
햇살의 아늑함에
희망찬 새벽 하루를 연다.

좋은 생각 맑은 마음으로
기쁨 안고 노력하는 시작연습
한 계단 한 계단 오르려는 의지
욕심일까, 집념일까
넉넉한 마음으로 하루를 연다.

새벽이슬 보며

풀잎 갈피갈피에
밤 새워 모은 정
그리움의 눈물인가.
남모를 슬픔인가
방울방울 맺힌 이슬
고통이 분해될 때까지
견뎌나가는 맑은 눈물.

침묵으로 밤을 새운
강인한 풀잎들
동녘의 따슨 햇살이
풀섶에 번지니
외롭고 쓸쓸하며 허무한
초로인생을
돌아보는 이 아침.

새벽 산책길

새벽 여섯 시가 되면
맑은 이슬 머금은 풀잎처럼
하루를 열며
건강한 몸 지키려고
상쾌한 기분으로
가슴 펴고 산책길을 간다.

청량하고 시원한 바람으로
녹슨 머리 닦아내고
답답하던 가슴도 씻어내려
생의 여정에서 기쁜 상념 안고
매일 새벽 같은 길을
충만한 기운으로 산책을 한다.

어둠에 갇혔던 밤 지나 새 날 오니
삶의 의미 보람차고
여생 염려하여 부지런히
좋은 약수로 목 축이고
새벽이 열리는 희열 맛보러
발걸음 가볍게 산책을 간다.

봄의 들길에 서서

벚꽃 개나리
화사하게 넘치는 계절
들길을 걷다 서면
따사로운 봄 햇살이
내 등을 살포시 껴안는다.

다시 온 이 봄을
반겨 맞는 그리운 사람들과
지구를 디디고 있는 나 또한
부푼 고운 희망을
가슴속에 품어 보리라.

뼈가 저리도록 생활이 슬퍼도
저문 들길에 외로이 서서
푸른 하늘을 바라보면
고달픈 내 생활의
활력을 얻는 일이어라.

봄이 오네

맑고 푸른 하늘
따뜻한 햇살 아래
창문을 열고 밖을 내다본다.
소리없이 눈이 녹고 얼음도 녹고
개울물은 졸졸졸
즐거운 듯이 노래하는 봄이 오니
내 가슴에도 봄이 오려나보다.

봄은 어디에서 올까
산에서 오나 바다에서 오나
땅속에서 얼음 헤치고 솟아오나
개나리와 진달래는
산하에 잠자던 안부를
망설이다 내게 묻는다.
봄은 활력이 넘친다.

도시의 봄

높은 아파트 꼭대기에서
벅찬 가슴으로
눈부신 하늘을 본다.
흰구름 서너 점이 벗하자며
미소로 안겨온다.

차소리 요란한 복잡한 도시
흰눈은 말끔히 녹아버리고
실버들과 예쁜 새싹들
초록의 옷자락 날리며 오니
따뜻한 봄이 완연하다.

겨울 잠에서 깨어난
정신없는 아기 개구리
어설픈 몸짓의 느린 동작
두리번거리는 개구리 눈망울
햇살 등에 업고 풀쩍 뛰어오른다.

보슬비 오는 날

보슬비가 소리 없이 내리면
마음이 울적해 오고
지난 추억에 흠뻑 젖고 싶어
한적한 오솔길 따라
어디론가 멀리멀리 떠나고 싶다.

보슬비 맞으며 걷다가
나만의 아늑한 공간과
상상의 날개를 활짝 펼치면서
아름답고 정서적인
시 한 수 건지는 시인이 된다.

지루하고 답답하던 가슴
한순간에 사라지는 오늘
보슬비 오는 추억의 거리란 노래를
듣는 이 없지만
혼자서 소리내어 불러본다.

봄날은 간다

삼동의 폭설 내리고
겨우내 닫혀있던 창을
활짝 열고 세상을 보면
파란 하늘도 미소로 나를 본다.
따스하고 곱던 봄날
살아있는 생명의 소리들은
마음의 빗장을 연 채 흘러간다.

아지랑이 피어오르듯
희뿌연한 봄날이
산들거리는 바람결에
꽃잎들 우수수 떨어지고
어느 사이 무정한 세월에 떠밀려
아쉬움만 남긴 채
봄날은 간다.
봄날은 간다.

봄날의 슬픈 여인

벚꽃이 흐드러진
벚나무 아래 조용히 앉아보니
난 갑자기 열여섯 소녀가 된다.

햇살이 따뜻한 한낮
노란 개나리가 출렁일 때
난 갑자기 일곱 살 개구쟁이가 된다.

해가 짧은 봄날
붉은 빛 석양에 물들 때
난 이유 없이 슬픈 마음이 인다.

별들이 대화 나누는
꿈속 같은 고요한 밤
난 봄날의 슬픈 여인이 된다.

여름의 칡넝쿨

태고의 우리 역사
숨결과 혼을 담아
찬란했던 이 땅의 문화
세월이 말하듯
칡넝쿨 실히 자라
평화의 우리 땅 짙푸르다.

한여름 땡볕에
무성하게 뻗은 칡넝쿨 잎
시원한 바람결에
소망으로 하늘하늘
엉켜진 넝쿨의 줄기줄기
뿌리 절개 곧고 곧다.

뻗어진 길 따라
어우러진 인정들
얼키설키 뻗은 넝쿨
흩어지는 일 전혀 없는
굳건한 이 땅에서
우리도 칡넝쿨처럼 살리라.

여름의 축복

푸른 축복을 안고
싱싱히 살아있는
잔디, 풀, 나무, 꽃….

으뜸가는 젊음의 열기
여름의 초록빛은
너무도 아름답고 좋다.

따가운 햇살 아래
나뭇잎을 춤추게 하는 바람
바람은 여름철의 희망이다.

풍성한 푸른 여름
지상에 만 가지 축복 주니
여름은 더없이 행복하다.

이름 없는 풀꽃

올해도 우리 집 뜨락에
풀꽃들이
어지럽게 피었다.
햇빛도 잘 들지 않고
아무도 보아주지 않는
뒤 뜨락에 질펀히
제멋대로 피었다.

또 한 해가 성큼 갔건만
풀꽃들은
잊지 않고 제자리에 피었다.
아름다운 한 편의 시가 되고픈
이름 없는 풀꽃이지만
별꽃처럼 무리져서
작은 꽃술로 잔잔히 피었다.

가을 하늘

높고 파아란 가을하늘
흰구름 둥실 두둥실
멋진 여행 다니니
이보다 아름다운
수채화는 없다.

보문산에 오르는 길
산자락의 무성한 나무
가을 숲의 향기 가득하고
고추잠자리 빙빙
하늘 향해 날아간다.

탁 트인 가을하늘
마음은 깨끗이 정화되어
멋지고 여운이 흐르는 시
절로 솟아나니
나도 가을하늘 나는 것 같다.

가을의 내 소망

가을 오면, 나는
소녀의 마음 되어
계룡산 단풍 자락에 앉아
흘러간 노래를 부르려 한다.

가을 오면 나는
은빛 머리 길게 풀고
끝없는 갈대밭에서
자유 찾아 신나게 춤을 추련다.

가을 오면 나는
지우고 또 지우며 다시 써
마음에 찰 때까지
가슴 찡한 시를 써보고 싶다.

가을 오면, 나는
건강한 몸으로 가슴 펴고
희망 담은 꽃바구니 흔들며
한없는 길을 홀로 걷고 싶다.

겨울의 풀잎

엄동설한 추운 바람에
볼품없이 말라버린 풀잎
흔들거리는 안쓰러운 몸짓
악착같이 땅에 뿌리를 묻고
쓰러질 듯 춤을 추는 겨울 풀잎.

무엇에 의지하려는 몸짓인가.
외로운 몸부림의 표현
힘겨운 듯 깡마른 몸짓으로
온종일 생각없이 흔들거리더니
끝내 땅바닥에 고개 떨구네.

거친 세상 살아남기 힘들어
겨울동안 쉬면서 운동이나 하려나
영혼도 말라 없어진 빈 자리에
내년 봄에 다시 파랗게 살아난다며
겨울의 풀잎은 여운을 주네.

겨울나무

가을 끝자락에 옷 벗어버린 몸인데
하얀 눈이 펑펑 내려
은빛 옷으로 갈아입은 자태
예쁘고 멋지다며 뽐내는 겨울나무
지나는 모든 사람마다에
하얀 미소 던지는 모습
앙상한 겨울나무.

다가오는 봄의 아름다운 꿈을
몸체의 피부 깊숙이 숨기고
제자리 꿋꿋이 지키며 서있는
서두르지 않는 당당한 나무
다시 맞을 봄을 잉태하리니
별빛 한줄기도 기뻐 반기며
가슴에 타오르는 겨울나무.

설경을 보며

은은한 회색빛 하늘
눈꽃송이 솔솔 뿌리는 한낮
옷깃을 세우고
하늘 아래 땅 위의
아름다운 설경을 감상한다.

겨울바람은 성급히
야윈 가슴으로 몰려오고
내리는 눈은 쌓이고 쌓여
점점 포근해지는 오후
세상은 하얗고 더없이 깨끗하다.

은가루 뿌려진 세상은 반짝반짝
꿈만 같은 설경 속
나뭇가지의 눈서리 꽃
그 신비 속에 온몸이 녹는 듯
나는 오래도록 여기 서 있다.

겨울철의 눈

이틀 동안 백설이 내려
온통 산야를 뒤덮으니
은빛으로 반짝이는 세상은
악함도 더러움도 없는
평화만 있는 깨끗한 세상이다.

이제 연륜은 짙어져가고
평생 헤매도 그 자리
이렇다 이룬 흔적 없으니
아픈 마음으로 부끄러움 안고
창밖의 흰눈 바라본다.

흐린 마음 곱게 접고
먼지 묻은 몸 정결히 씻고
평생 지은 죄 속죄하며
쌓인 눈 속에 깨끗이 묻고
영원히 하얀 마음으로 살고 싶다.

눈 오는 날의 명상

모진 바람에 시달리다
하늘에서 내려오는
솜처럼 깨끗한 하얀 눈
하늘과 땅이 얼어
겨울밤은 깊어만 가는데
야윈 내 가슴은 떨리고
손발도 저려오고 아프니
어찌해요

무정한 세월 흘러
어느새 연륜은 짙어져
흰머리 날리고 주름도 깊어지네.
내 지난 날 아픔의 일생
뜨거운 눈물로 온몸을 적신다.
그 길 다시 한 번 가보라 하면
이제 죽어도 못 가리다
대답할래요.

겨울 산에 올라

흘러간 영겁의 세월 무늬
깊이 뻗은 힘찬 산맥
온 누리 빠짐없이 굽어보는
침묵의 고요한 겨울 산.

천년의 성스러움 넘치고
천년의 사랑으로 이뤄진 이 땅
무서운 칼바람 스쳐 불어도
너무나 의연한 겨울 산.

하늘 우러른 간절한 소망
생명의 고동소리 고루 흐르고
흰빛으로 어우러진 넓은 대지
온 누리 태초의 신비 가득하다.

산새가 부럽다

사는 것이 너무 지루해
숲을 헤쳐 가며 산에 오른다
노후의 건강 지키려고
산내음 풀내음 흠뻑 마시며
발길 닿는대로 산에 오른다.

푸른 산 높은 하늘 키 큰 나무에
마음껏 나는 저 산새가
하고픈 노래마다 차례로
목청껏 부르고 있는 산새가
세상속의 나를 부럽다 한다.

자신의 가고픈 목적지로
마음대로 깃을 펴고 훨훨 날아
푸른 하늘 자유로이 누비는
평화로운 예쁜 산새야,
나는 네가 한없이 부럽단다.

제 2 부

밝아 오는 아침

1985년 여름
속리산에서
어김없이 밝아 오는
아침은 상쾌하다

밝아오는 아침

부채살보다 더 고운 아침 햇살이
창문에 미소로 다가오고
어디선가 몰래 스며드는 바람
이른 봄 날씨 차갑구나.
이정표 없는 우리의 일상
해마다 늘어나는 연륜의 테
그래도 가야하는 인생여정
어김없이 밝아오는 아침은 상쾌하다.

간밤에 써 놓은
정성 깃든 두 편의 시
고치고 또 고쳐도 흡족하지 않고
읽고 또 읽어도
마음에 차지 않는 부족함
얼른 조반 지어먹고 공부해야지.
혼자서 속으로 다짐해 보는
활기찬 이 아침엔 새 힘이 솟는다.

새싹

우리 눈에 보이지 않아도
겨우내 땅속에서
대자연을 숨 쉬고 있다가
작지만 큰 힘을 내어 솟아나는 여린 새싹
어디에서 저렇듯
그 큰 힘을 내는 것일까

자연의 참 모습 되찾자

봉우리 이어진 푸른 산
아름다운 울창한 숲
기름진 호남평야
넘치는 맑은 강
자연의 건강이
우리 인류의 건강이다.

자라나는 아이들이
마음껏 뛰어 놀 수 있도록
싱그럽고 푸르른
티 없이 깨끗한 우리 땅
자연 환경을 만드는 일이
우리들이 할 일이다.

정서적인 환경을 만들자

무심코 버리는 휴지 한 장이
거리를 어지럽히고
먹다 버린 껌이
신에 늘어붙어 걸음 걷기 힘들고
피우다 던져버린 담배꽁초
여기저기 널려있는 모습
후진국의 모습 못 벗으니
우리 모두 꿈꾸는 미래를 향해
아름다운 환경을 만들어
평화롭게 살아가자.

귀뚜라미 우는 밤

사각거리는 가을의 소리
들볶는 것도 아닌데
슬픈 목소리로
목청을 높여 구성지게
귀뚜라미 우는 밤.

두고 온 보금자리 있어
마음 찢긴 울음인 양
아픈 침묵을 말끔히 깨고
내 가슴속을 시리게 하면
난 어쩌란 말이냐.

지나간 옛 추억 새삼스레
못 견디게 그리움 짙어
빈 가슴만 애처로워
긴긴 밤 잠 못 이루고
내일을 기다린다.

구름처럼 살고 싶네

창문 열고 하늘을 보았네.
그곳에 있으려니 흰 구름
오늘도 아무 곳에도 떠 있지 않은
내 마음 설레게 하는 흰 구름아.
정 둘 곳 없어 머물지 못 하는가
마음잡지 못해 떠돌다 갔는가.

한 오라기 새털이듯 가볍게
바람결에 나부끼는 구름아
부평초 같은 세상 사람들
자고 나면 변해 버리는 인심
가슴 아프게 파고드는 허무,
하소연 더불어 싣고 가 주렴.

어머니 가슴 같은 포근한 사랑
한없이 정다운 따뜻한 손길
온몸 감싸며 보듬어 쓸어 주어
그리운 이 뭉게뭉게 피어올라
사랑을 오래도록 아름답게
구름처럼 자유로이 살고 싶네.

시리도록 하얀 달빛

아스라한 달빛을 타고
반짝이는 무수한 별들
별들의 밀어 속엔
슬픈 고운 꿈이 있겠지.

그리움이 익어 가는 밤
눈가에 영롱한 이슬 맺혀지고
슬픈 사연 내 사랑엔
물망초의 전설이 들어 있다.

나이를 잊은 허황된 꿈
밤마다 그리움을 키우며
외로운 사람, 나 여기에서
시리도록 하얀 달빛을 본다.

빌딩 앞의 소나무

빌딩 앞
우람한 한 그루 소나무
관상용으로 너무 좋아
청산에서 끌어 내려와
뿌리박은 바닥은 시멘트로 둘러싸여
옹색하게 엉거주춤
고통 속에 서 있는 가엾은 소나무.

온 몸이 아파서
간신히 서있는 소나무
옆구리를 크게 파서
주렁주렁 약병을 매달아
치를 떨고 있는 불쌍한 소나무
몇백 년을 살 수 있는 소나무가
사람보다 먼저 죽어가고 있다.

낙엽 길에서

낙엽이 쓸쓸히 떨어진
그 길 위에서
오래 전에 떠나버린
그대 이름을 불러본다.

주위에 정든 사람들도
하나 둘 어디론가
외롭게 떠나간다.

불현듯 하늘나라 그대의
모습을 생각해 본다.

노송을 보며

풍진 세파에도
아랑곳없이 굳세게
늘 푸르름으로
빼어난 노송이여
나무 중 으뜸이고
저절로 흠모의 정이 간다.

백설이 분분한
엄동설한에도
변함없이 독야청청하니
수백 년이 흘러가도
침묵으로 의연하니
노송의 모습 닮고 싶다.

바람아 너는 알겠지

바람아 너는 알겠지
하늘나라에 계신
내 님의 소식을

바람아 너는 보겠지
꽃피는 나라에서 쉬고 있는
내 님의 얼굴을

바람아 너는 듣겠지
새들이 노래하는 소리를
내 님과 같이

바람아 자세히 알려주렴
사랑이 지극 하셨던
내 님의 소식을.

아름다운 시

아름다운 시는
절실한 내용과 진실로
깊은 감동 주는
생명력 있는 시

맑은 영혼들의 울림
이슬 맺힌 눈물 되었다가
뜨겁게 가슴 타오르는
모닥불도 되노니

잊지 않고 오래도록
입 모아 노래하며
삶에 여운이 흐르는
진한 감홍이 서린 시.

나의 詩

오늘 어렵게 피어난
한편의 고운 시는
내 삶의 맑은 거울이고
이 시대의 아픔이고
속마음을 은은히 채색한
미완성의 수채화 같다.

산고의 아픔보다
더욱 심한 진통 끝에 얻은
꿈이 담긴 나의 시는
하얀 들꽃같이 맑아
어디서나 감상할 수 있고
언제나 즐겨 부를 노래이다.

나의 시는 실제의 존재를
상상의 나래 펴고
세대의 아롱진 역사를
영원한 기록으로 남기고파
덜 익은 열매라 할지라도
감사히 거두어들이는 정성이다.

내가 좋아하는 시

내가 좋아하는 시인의
보석 같은 시는
욕심과 돈 냄새가 전혀 없고
사랑과 정만이 가득하여
너무 좋아요.

내가 그리워하는 시인의
샘물같은 맑은 시는
거짓과 위선 따위 볼 수 없고
순수와 진실만 가득하여
아주 좋아요.

내가 존경하는 시인의
과일 같은 상큼한 시는
세파의 때묻지 않고 아름다워
읽고 또 읽어도 새로워
무척 좋아요.

소망의 시

읽어보는 그 뜻이
가슴 깊이 파고드는
절실한 내용이 깊은 감동 주는
정서적 시를 쓰고 싶네.

이슬 젖은 새벽 풀잎처럼
맑은 순수 추구된
아름답고 가슴 찡한
생명력 있는 시를 쓰고 싶네.

산야에 내리는 맑은 빗줄기
지는 낙엽 한 장에도
따뜻한 그리움의 의미 담긴
고운 사랑시를 쓰고 싶네.

우리 겨레 모두 모두
입 모아 노래하며 잊지 않고
삶의 여운이 흐르는
영원한 시를 쓰고 싶네.

시를 쓰는 나의 하루

나는 매일
여러 가지 책을 수북이 쌓아 놓고
읽고 생각하며, 쓰고 지우면서
시간을 보낸다.

문득 거울을 쳐다보니
머리는 거의 다 희어지고
얼굴의 주름은 가로 세로로
나도 모르는 사이 많아졌으니
흐르는 세월은 잡을 수 없구나.

우리 인생은 강물처럼
깊고도 머나먼 바다를 향해
쉬지 않고 흘러가는데
오늘도 난 열심히
시를 쓰며 시간을 보낸다.

소중한 추억

육십 고개 넘은 지 오래 되어
싫은 나이테만 깊어지니
자존심도 증발되어
사람 많은 자리에 가면
초조해지고 위축되어
당당함이 사라진다.

매력 없는 늙음 앞에
모든 것은 약하고 허망해도
지녔던 아름다움은
무엇보다 소중하기에
추억은 추억으로 쌓여지며
제몫을 다한다.

어린아이처럼 살자

어린이는 평화의 동산에서
박애와 환희와 행복이 있고
참 사랑의 도리를 일깨워 주니
언제 보아도,
어린이는 모두 철학자 같다.

세상 모든 아름다운 것들을
한없이 많이 가지고
티 없이 건강하게 자랑 수 있게
끌어주고 밀어주는
앞날의 보배인 어린이들.

우리가 사노라면

우리가 사노라면
때론 슬퍼할 일 많고
잊어야 할 것도 많으리라.
암흑의 긴긴 밤을
괴로워 뒤척일 경우도 있으리.

우리가 사노라면
더러는 미운 사람도 있게 마련
이해와 관용만이 약이 되니
뼈마디 쑤시는 고통이 있어도
내 마음 다스리며
인고로 견뎌야 하리.

우리가 사노라면
무심히 지나는 바람 앞에
때론 빈 벌판에 선 마음으로
뜻 없이 세월을 보내는
허수아비도 되어야 하리.

아름다운 삶

시끄러운 세상일수록 높은 목소리 귀에 젖고 온누리 어두울수록 거짓과 욕망 뿐, 빈 곳 너무 많고 휘두르는 걸음이 클수록 허풍이 심하고 알맹이 없는데 그리로만 귀가 솔깃함은 무슨 영문일까요?

기시덤불 험한 세상, 고개 넘어 가는 길은 힘든 고통의 길이나 낮은 목소리로 한발 한발, 작은 걸음 조심히 걸어가며 땀 흘리는 노력으로 살다가는 정직한 길은 세상에서 가장 값진 삶이라네.

삶의 여정

삶은 흐르는 강물
강물에 띄운 조각배 같아
큰 바위에 부딪혀
갸우뚱 거려도
가야 할 물길을 찾아
바르게 가는 일.

삶은 앞을 보고
검은 아스팔트를 질주하는
매연 뿜는 차와 같아
때로는 가다가 멈추고
덜커덩 고장이 나도
튼튼하게 고치는 과정.

삶은 변화무쌍한
계절풍 같아서
눈보라 폭풍우 피하며
무심한 세월 안고
험한 긴 여로를 굳세게
바삐바삐 가는 길.

꿈이 있는 작은 소망

내 부족한 문학이라도 실한 뿌리 내리고파. 마음 다해 노력하는 시를 쓰는 힘든 작업, 길고 습한 세월 지나 마침내 청보리밭에 서면, 속깊은 절실한 시, 진실한 공감을 나눠 갖기만이 나의 작은 소망이어라.

늙어가도 배워보려는 가상한 아픈 몸부림이 때론 못난 마음앓이와 때론 시린 허리 추스르며 꿈이 있는 내일 향해, 새순처럼 예쁘고 파랗게 보람 안고 새롭게 태어나려는 내 마음의 기쁨이어라. 내 모습이어라.

나의 목마름

사람은 언제나
푸른 소나무 같아야
한다던 어머니.

사람은 밝고 빛나는
아름다운 별빛 같아야
된다는 나.

구십 평생 살아온 이야기
열 권의 소설이 되고도
남는다던 할머니의 일생.

무지개 빛 고운
앞으로의 남은 삶
바른 숨이 깃든 시.

모든 사람들의 가슴속에
촉촉히 젖어드는 시집을
쓰고 싶다는 나의 목마름.

내게 남은 푸른 꿈

희로애락 이고 지고
푸른 언덕 바라보며
험한 산 넘어간다고
많은 사람들은 말하지만
가도, 가도 그 길은
보이지 않노라.

그래도 그 세월은
날으는 화살처럼 빨라
숨 가삐 따라가나
어리석은 욕망일랑 버리고
우리 모두 촌음을 아껴
땀 흘려 일하리라.

남은 꿈 소중히 하고
정성으로 보듬고 가꿔
한 줌의 흙이 되기 전에
가슴 안에 밭을 갈고
겸허히 고개 숙여
씨를 뿌리리라.

들꽃처럼

나는
입술을 깨물며
들꽃처럼 살고 싶다.
고통을 이겨내며 조용히
푸른 하늘 향한
들꽃처럼

나는
들꽃처럼 순수하고
아름답게 살고 싶다
진실한 사랑 엮어가며
바람결에 나부끼는
들꽃처럼

나는
화려하지 않지만
강한 생명력으로
보람차게 살고 싶다.
눈보라 이겨 열매 맺어
작은 꿈 피우고 싶다.

밤을 지새는 갈대

어둠의 깊이를 모르는 새
피고 지는 말없는 갈대
강기슭에 자리한
강바람에 일렁거리며
가슴으로 울어 보채는 갈대.

멀리 높은 곳에서 쏟아지는
고요한 밤 밝은 별빛 아래
은은히 퍼져 오는
울림의 종소리 들은 후
움츠렸던 몸은 풀고
광란의 춤을 추는 갈대.

앙상한 뼈 마디마디
속으로 소슬바람과 동무하여
구성진 소리로 서걱이며
어두운 밤을 지새는
고독하나 강하고 억센 갈대.

약속의 소중함

약속은 금이라는 말이 있듯이
약속은 하기보다
지키는 것이 더욱 어렵고
힘든 것이라네.

자신과의 약속을
어김없이 지킨다는 것은
더 더욱 어려운 일
이를 지키지 못하는 사람은
큰 일을 할 수 없다네.

약속이 잘 이루어지는 사회는
할일 많은 귀중한 인생
약속으로 시작하여
약속에서 끝난다네.

빛나는 보람

자고 일어나면
새 아침은
어김없이 밝아 오고
우리가 할 일은 끝이 없어도
쉴 틈 없이 부지런히 일하면서
빛나는 보람을
마음 깊이 깨달으며
의미 있는 시간을 가꾸고 싶다.

부족하고 미흡하지만
틈틈이 시작한
시 쓰는 즐거움은 외로운 밤도 외롭지 않고
지성과 감성이 교차되며 지새웠고
지루한 세월도 꿈결같이 보내며
빛나는 보람을
가슴 가득 간직하고 싶다.

사람과 사람 사이

이 땅에 태어나서
사람과 사람 사이
만나고 헤어지고
그 많은 사람들 속에서
더불어 살아가는 우리의 삶

새로운 산업 발달로
나날이 생활은 편리해지고
물리적인 공간도
점점 줄어들지만
사람과 사람 사이 마음의 거리는
오히려 멀어지는 것 같다.

거리를 더욱 가깝게 하고
믿음은 더욱 서로 굳건히 하고
따뜻한 사람과 끈끈한 점이 통하는
사람과 사람 사이가 더욱 그립다.

자유 예찬

"자유" 말만 들어도 난
하늘을 나는 듯하다.
자유란 분명 멋진 단어이나
스스로 참되기란 어렵겠지
자유는 바른 것이 아니면
생각지도, 행하지도, 않아야 한다고
자유는 태어나서 무덤까지
편안하고 자연스러워야 하지만
책임이 따라야 빛나리라.

자유는 때때로 어리석은 자
남을 괴롭히는데
그것은 자유가 아니겠지.
옳은 사람의 자유는
생각을 소중히 하는 데 있고
자유는 즐거우며 부담이 없고
활력 넘치며 아름다운 것이니
자유처럼 소중한 것
이 세상에 다시 없으리라.

정말로 아름다운 것

정말로 아름다운 것은
변함없이 오래도록
샘물처럼 고여
끝없이 솟아나는 맑고 깨끗한
가슴 울리는 진실의 감성인
뜨거운 눈물이에요.

정말로 아름다운 것은
넉넉한 희망의 꿈을 안고
진주처럼 매어달린
풀잎에 반짝이는 아침 이슬처럼
때론 말없이 햇살에 스러지는
고운 모습이에요.

정말로 아름다운 것은
저마다 각기 지닌 한과 슬픔 있을 때
밤새도록 푸른 빛 반짝이며
위로해 주는 뭇 별들
우리 마음속에 살아 숨쉬는
영원한 자연이지요.

젊음 예찬

젊음은
무한대의 가능성을
지닌 자이며
멋지고 값있게 보내는 길은
스스로 일을 찾는 것이다
젊음은 귀하여라.

젊음은
국가와 지역사회의
미래를 표상하는
끝없는 힘의 상징이니
오랫동안 보람 있게 보내야 한다.
젊음은 빛나리라.

젊음의
청소년들이여,
정직하고 건강하고 성실하며
보다 화사한 꽃을 피우고
탐스런 결실을 맺어야 한다.
젊음은 아름다워라.

젊음은 아름다워라

고정 관념의 틀을 벗는 선구자
편견의 고집을 없애는 사람
21세기의 신대륙 위를
마음껏 뛸 수 있는 사람
창조적인 아이디어를
발견할 수 있는 힘을 가진
깨어 있는 젊은 인재이기에
젊음은 꽃보다 더 아름다워라.

용광로 같은 가슴 지닌 따뜻한 사람
송곳 같은 판단력을 소유한 냉철한 머리
미래의 신세계를 책임질 수 있는
믿음과 신뢰의 젊은이들
전진하는 역군으로
국가 경제를 되살릴 수 있는 사람
나라를 진심으로 사랑하는 이들
젊음은 금은 보배보다 귀하여라.

끈질긴 잡초

아무도 찾지 않는
응달진 곳에서
뿌리를 곱게 지켜
무성히 자란 잡초
거름도 준 일 없고
손질도 없는데도
검푸르게 치솟아
끈질긴 삶
눈부시게 보여주네.

밟히면 밟힐수록
허리 굽혀 웃음 짓고
베어내면 다시 자라
살며시 청청한 생기로
새롭게 다시 태어나는
끈질긴 굳센 의지
잡초가 주는 교훈
깊이 헤아려
마음 다져 본받으리.

거실의 벤저민

도시 속
바쁜 생활하는 집안에
녹색 식물의 싱싱한 풀내음,
가슴에 포근한 정서를 주는
우리집 거실의 벤저민
가습기 대용으로도 좋고
산소공장 역할도 하며
식구들 대화의 자리인 거실에서
느긋한 마음을 갖게 해준다.

온 가족이
명절 때나 집안 대소사 때
함께 시간을 보내는 장소
오랜 세월 부모님 모시고
옛 가구가 많은 거실
창가에 잘 자란 벤저민
공기정화에 효과를 주고
식구들의 휴식 공간인 거실에서
아름다운 마음과 편안을 준다.

제 3 부

어느 날의 생각

2011년 가을
양동 민속촌에서
대전문협 문학기행

어느 날의 생각

시만 쓰며 살겠는가
꽃잎 같은 고운 푸념
이름 모를 새 한 마리
감나무에 올라 앉아
구성지게 노래하니
뜨락만은 음악 감상실이다.

시만 쓰면 돈 생기는가?
단풍 같은 고지서 날아오고
흘러가는 저 구름 목화송이듯
따스한 가을 햇살이
가라앉은 가슴 어루만지니
지난 세월 그리움 인다.

계절 안고 잠든 낙엽
모든 시름 남김없이 잊은 채
뜰 아래 제멋대로 쌓여 있고
우리집 파수병인
내 이름 석 자의 문패 달린
우리집은 평화롭다.

가야금 소리

퉁기는 손끝에
애절한 고운 소리로
가락은 잘 영글어
여울 되어 일러대니
은은하게 고루 퍼져
우리 가슴 아프게 적신다.

엄동이 지난 자리
뜨락에 깃든 고요한 적막
맺힐 듯 풀어지고
풀어진 듯 모여지는
창틈에 스민 달빛
끊어질 듯 다시 이어진다.

열두 줄 가야금 소리는
내 몸의 핏줄인 양
흘러서 한데 모여
어울리는 그 소리에
주름진 얼굴일망정
환하게 필 것만 같아라.

금강에서

마음속 깊이
맑은 강물 조용히 흐르고
춘하추동 바람 속에
누구나 혼자만이 간직한
외로운 이야기가
강물에 젖는다.

긴 세월 따라
온 누리 적실 때
은빛 별들 빛나는 밤
철새들 사랑의 둥지 찾고
달빛에 멋진 새들의 화음
제방 둑에 흐른다.

진달래 마음

생명의 환희
평화로운 계룡산 자락
부서지는 물소리에
안개 속을 펴지는
그윽한 꽃내음.

태양을 향해
웅크림 가볍게 푼 진달래
뜨거운 붉은 마음
눈물로 타는 작은 가슴
숨 떨리는 꽃잎.

서녘의 타는 노을
가슴 저린 긴 세월에
가늠할 수 없는 그리움
진달래 꽃가루로
잠든 땅에 뿌려보리.

새해 아침에

어제처럼 새해의 아침
동녘으로 부터 밝아온다.
세월은 화살처럼
빠르다고 하였지
작년에 훌쩍 가버렸으니
나도 한 살 너도 한 살 더 먹고
세월은 더 빠른 듯하다.

온 세상에 눈이 내린다.
찬바람도 거세게 분다.
삶이란 여정도
언제나 이와 같다.
섣달 그믐에는 후회와 아쉬움이 남지만
새해 아침에는 작은 소망 안고 사니
세월의 강은 또다시 흐른다.

가난한 달동네

산비탈
가난한 달동네에
석양빛은 부챗살처럼 퍼지고
허기진 삶의 벼랑
새끼줄로 묶은 검은 연탄 들고
오늘도 높은 계단을 오른다.

때 묻은
담벼락 옆에 좁은 길

울타리 넘어 핀 벚꽃
두부 파는 아저씨의 큰 외침도
두부 산 아낙네의 뒷모습도
해거름의 처진 어깨 위엔
삶의 여정을 다듬는
달빛의 세레나데여!

우체부 아저씨

우편물 가득 싣고
달리는 오토바이 아저씨
집집마다 번지수 찾으며
빠짐없이 배달한다.

오가다가 길에서 만나도
미소로 인사하는 집배원 아저씨
오정동을 책임진 배달원
책임감 강하며 부지런하다.

내게 오는 편지 한 통 있을까?
내게 오는 시집 한 권 있을까?
우체부 아저씨만 보아도
너무 반갑고 감사한 마음이다.

찬란한 태양이여

잠에 취한 세상을
미소와 밝음으로 깨워주고
희망과 꿈을 안겨주는 태양
광대한 빛 찬란하여라.

모든 악과 질병은
말끔히 물리쳐 주고
가난과 고통 따위도 날려 보내고
불운은 멀리 물리쳐 주는
고맙고 감사한 태양이여.

건강한 행복과 축복만을
챙겨주는 태양
위대하고 아름다운 태양
태양이여! 찬란하여라.

할미꽃

무슨 사연 있기에
젊어서도 할미꽃
늙어서도 할미꽃.

아지랑이 노을 속
행여 먼 곳의 님이 오려나
소복 차림에 고개 숙인 채
무릎 꿇고 다소곳이 기도하는
꼬부라진 모습의 할미꽃.

한 평생 고집스럽게
외줄 대궁에
어느새 백발의 할미꽃.

윗사람은 윗사람답게

윗사람은 대부분
권위주의적이고
자기주장이 강하여
스스로 완벽 한 듯 아랫사람들에게
엄하게 지시하는 경향이 있다.

아랫사람은 나름대로
일처리 할 때마다
윗사람의 눈치를 보게 되고
비위를 맞추면서 일을 하면
마음이 편안함을 느끼곤 한다.

윗사람은 점잖게
아랫사람 대할 때
이해와 사랑과 배려로
단점보다는 장점을 찬사하며
부모의 마음으로 어루만져 주어야 한다.

슬픈 날에는

세상을 사노라면
내 힘으로는 해결하지 못할
어려움이 생겼을 때
나는 당신의 영정 사진 가슴에 안고
뜨거운 눈물을 흘리며 닦고 닦는다.

가슴에 쌓여 굳어버린
지난 54년 동안의 마음 고통
나에게는 아픈 상처로 남았으나
당신의 자리는 구름이 머물다간 자리
난 하늘의 운명처럼 받아들이고 산다.

너무 슬퍼 울고 싶을 때는
가수 류계영의 인생 노래를 생각한다.
구구절절이 슬프고 마음에 와 닿는
의미 깊은 가사는
내 가슴을 오래도록 아프게 한다.

동심

나 어렸을 적 아무 것도 모를 때
고사리 같은 작은 손으로
땅뺏기 놀이를 하였다.
조약돌을 주어서 선을 긋고
내 땅이 더 넓다며 좋아하던 놀이.

푸른 하늘에 둥둥, 동생과 둘이
가오리연을 날렸던 시절
바람아 내가 띄운 연이
희망 빛 높은 하늘로
잘 날도록 바람에게 부탁했지.

정월 대보름날이 돌아오면
깡통에 불 피워 불놀이 하면서
소원을 빌며 만월이여
큰 소리로 외치던 어렸을 때 일
지금은 옛 추억에 잠시 잠겨본다.

세상은 천국이 아니다

우리에겐 늘 좋은 일만 있는 것이 아니다. 나쁜 일만 있는 것도 아니다. 완벽한 행복이란 바랄 수 없는 일, 그냥 되는대로 무심하게 미완성의 삶을 누려가는 것이다.

괴롭고 힘들고 슬픈 날, 고달픈 하루하루를 보내는 심정, 기대와 좋은 바램 원하며 사소한 불행들은 피해 가면서 오늘 하루 열심히 최선을 다하며 산다.

작은 희망이라도 인내로 기다리며, 절망과 괴로움 실망 따윈 하지 않고, 사랑과 이해와 배려로 살아야지. 우리가 사는 이 세상은 천국도 지옥도 아니다.

초등학교 졸업식장 회상

교장 선생님의 마지막 훈화, 남아있는 순진한 하급생 동생들, 훈화 따위는 조금도 관심 없고 무엇이 그리 재미있는지 참새 떼 같이 쉬지 않고 재잘거린다.

졸업식 노래가 끝날 무렵, 한두 명 학생이 훌쩍이더니 어느새 졸업하는 언니 오빠들, 울음바다 되었던 그 옛날 그 시절, 정든 스승 정든 학교 정든 후배들.

헤어진다는 것은 누구든 슬픈 일, 가까이 머물다가 이별 뒤엔 가슴 아프나, 다시 만나는 기쁨도 있는 것. 냇물에서 강으로 흘러갔던 어린이들, 지금은 모두 그 어디에 있을까?

창은 우리에게

맑은 창은
계절을 잊고 사는 도시인들에게
계절을 알리는 편지이다.
여유 없는 가슴을
저마다 안고 살 때라도
창밖엔 계절이 다가온다.

움트던 푸른 잎의 생명이
키 큰 플라타너스 나무 되어
시원한 그늘도 주고
쓸쓸히 날리는 낙엽 길을 지나
세상에 쌓이는 하얀 눈
유수라는 세월에 떠밀려
쌓여가는 하얀 눈도 보게 한다.

창은 우리에게
새로운 꿈과 생명을 느끼게 하고
아름다운 의망을 주고
우리네 인생을
깊이 반성하고 생각하게 한다.

촛불

잔잔한 미소와 괴로움을
동시에 보여 주는 촛불
눈물을 흘리면서도
자신의 역할을 다하는 촛불
불꽃을 튀기는 정열도 있고
목숨이 다할 때까지
참고 견뎌가는
곧은 심지를 보여 준다.

몸을 태워 빛을 발하는 촛불
촛불은 영원토록
함께 사는 것이 아니라
한정된 시간을
함께 살다 가는 촛불
처음과 끝이 한결같은 빛깔로
세상의 어두운 곳만을 비추는 촛불
나도 누군가의 촛불이 되고 싶다.

동지 날

봄, 여름, 가을 긴 긴 날
입었던 먼지 묻은 옷
훌훌 벗어놓고
앙상한 몸으로 가뿐히 서 있는 나무.

하얀 눈 옷 입은 채
남쪽으로 기운 태양의
햇살을 마음껏 즐기며
늘어선 가로수는 웃고 있다.

다가오는 겨울 추위 이기고
앞으로 좋은 일만 오라하며
맛있는 동지팥죽 쑤어
이웃과 오순도순 나눠 먹었다.

명예 퇴직

1980년대부터 교직사회에서도
명퇴 바람이
거세게 불고 있었다.
명예 퇴직을 신청하면
퇴직금이 몇 프로 더 많다고 하였다.

퇴임식장에는 마지못해 명퇴하는
교직에 오래 머무신 원로교사들
주름진 얼굴 흰 머리카락
회한만 나부끼고 왠지
외로워 보여 마음 아팠다.

나 또한 명퇴한 입장이나
명퇴하는 선생님들에게
축하를 해주어야 할지
위로를 해주어야 할지
난감 할 때가 한두 번이 아니었다.

해를 따라 발전하는 대전문학

오랜 세월 지나온 긴 역사 속 별빛처럼 아름다운 발자취 깊은 뜻 정성을 다 바친 고귀한 문학은 가슴 벅찬 예술이리.

뜨겁게 깨우치려는 회원 모두 독자에겐 오랜 여운의 감동 흐르는 땀 흘려 일군 진솔한 문학, 대전문학 70호가 미소로 펼쳐지네.

걸언온 우리들이 노력한 그림자, 사랑과 배려, 일치 단결로 써온 주옥같은 진실한 많은 작품들, 하늘 뜻 희망찬 훌륭한 대전문학.

금빛 찬란한 아침햇살처럼 해를 따라 발전하는 대전문학이여! 빛나는 큰 보람 먼 훗날까지 역사에 길이길이 빛나리.

문학사랑 114호를 맞아

산천이 수없이 변하는 세월 속에 험한 세상 땀 흘리며 뛰고 뛰어 마음 다해 열정으로 시를 써 문학사랑 114호가 훌륭히 펼쳐져 기쁨과 소망으로 가슴 가득합니다.

끝없는 열과 성의 가상한 몸부림, 책이 나올수록 문학성 높아가 꿈이 있는 내일 반듯하고 굳건히 영원토록 밝은 희망 생기 가득 차 우리들 맑고 깊은 마음 넘칩니다.

큰 뜻 품어온 연구와 노력 끝에 나날이 커가는 진실한 문학, 아름다운 보람 먼 훗날까지 해를 따라 발전하는 문학사랑, 역사에 길이 길이 찬란히 빛납니다.

안개비

조용한 우리 집에
안 오는 듯 오는 듯
시원찮게 내리는
차가운 안개비.

안개비에 가려진
고달픈 안부인가
오싹한 걸음마다
음습한 몸과 마음.

새봄에 곱게 내리는
고요하게 소리 없이
다소곳이 얌전하게
잔잔한 안개비.

언덕을 오르며

우리가 사노라면
높고 낮은 크고 작은
가파른 언덕도 있다.

우리가 가고자 하는
목표의 끝은
전혀 보이지 않는다.

날마다 오르는 언덕이나
어느 날은 유심히
숨차며 힘들고 어렵다.

때론 웃고 때론 울다가
그래도 올라야 하는 언덕
오늘도 계속 오르고 있다.

종이꽃

종이꽃을 멀리서 바라보면
진짜 꽃인듯이 보이나
그것은
종이로 만든 작품일 뿐이다.

종이에 물감을 들여
미학과 손재주를 통해
그럴듯하게 만들어 낸
생명이 없는 꽃의 모형이다.

진달래 개나리 장미꽃
조금 떨어져서 보면
정말 꽃으로 보이니
우리들의 눈은 정확하지 못하다.

만든 종이꽃을 보며
생명이 없는 미학은
과학의 힘이 없구나,
종이꽃을 보고 혼자 느꼈다.

높이 나는 새

새벽 일찍 일어나는 새가
많은 모이를 찾을 수 있으며
평화롭게 먹을 수 있고
더 높이 날 수 있다.

21세기는 무한경쟁시대
누가 더 많이 더 빨리 정보를
찾아 그것을 아느냐에 따라
인생의 성패가 달라진다.

오차없는 철저한 분석과
전문성에 기초를 둔 정보창출로
국제사회를 주도할 인재 육성은
우리들이 해야 할 몫이다.

보다 높이 나는 새가 되어
꿈과 새로운 비전을 키우며
올곧게 성장할 수 있도록
우리 모두 사명을 다하자.

자연의 품

강물은 흘러야 깨끗하고
푸른 산은 우람해야 미덥다.
하늘엔 흰 구름이 흘러야
신비한 모습이고
어두운 밤엔 별빛이 흘러야
오묘한 이치가 있다.

꽃은 색과 모양이 있고
향기 나고 단꿀이 있어야
벌 나비가 모인다.
자연은 신비한 진리이고
생명의 빛은
우주 속에 무한하다.

영원한 자연의 품에서
맡은 일 끊임없이 노력하고
푸른 자연 가꾸고 보호하며
아름다운 자연의 품에서
편안한 사랑을 하며
자유롭게 살고 싶다.

갈대밭을 바라보며

바람결에 흔들리는
자유를 맘껏 누리는 갈대밭
하얀 파도처럼 일렁이는
넓게 펼쳐진 하천가에
쓸쓸한 갈대밭 세상.

아픔도 괴로움도
모두 잊은 채
시작도 끝도 없이
물결치는 갈대밭을 보면
지나간 세월의 추억이
아련히 가슴속에 젖어온다.

종점을 모르는 인생길
어느 지점이 끝인지
아물 아물 미지수인 갈대밭
나는 갈대밭을 닮았나,
바람에 흔들리며 오늘을 산다.

청주 꽃다리

역사의 뼈 마디
가슴 안고 버텨 서서
죽은 듯 보이나
살아 숨 쉬는 다리.
맨발의 아픔 딛고
수많은 차의 진동도
가슴으로 재우는 꽃다리

흐르는 냇물 보며
동아줄 뚝심으로 서서
다시 열어 나갈
푸른 꿈을 위해
우직한 힘을 모아
수백 년 끄떡없이
안으로 성숙하는 꽃다리.

그림이 있는 정원

홍성군 광천읍 매현리 459-1
76.364㎡의 산비탈을 이용하여
조성한 개인 수목원으로
수목 및 화훼류 등 1.200종
6만여 점으로 조성되어 있다.

봄철에는 수많은 꽃들과 분수
연못이 어우러져 마치
꽃의 천국에 와 있는 듯한
느낌을 갖는 곳이다.
광천시장에서 약 1㎞ 떨어진 곳
자동차로 5분 이내 거리에 있다.

조류 전시실

하늘을 날기 쉽게 발달한
새들의 몸구조를 이해하고
하늘을 나는 원리와 이동 방법 등
새의 비행에 관한 모든 것을
체험 할 수 있는 공간이다.

천수만을 대표하는 철새를 비롯한
다양한 새들과 갯벌의 생물
천수만의 생태를
한눈에 살펴 볼 수 있는 공간이다.
한번에 알 수 있는 생명의 보고이다.

대지의 찬가

수많은 푸른 나무와 꽃씨
대지의 젖줄을 사랑으로 대고
수분과 양분을 듬뿍 보내면
나무는 무럭무럭 커가며
꽃은 그 온기로 가득히 핀다.

너의 꿈은 대지로 향하고
나의 희망은 대지에서 커가며
꿈이 있는 대지
희망의 광맥을 찾는 광부같이
촛불 밝혀 일하며 노래 부른다.

대지 위에 자라나는 우람한 나무
대지 위에 피우는 아름다운 꽃
대지 위에 주인인 너와 나
이웃을 아끼고 나라를 사랑하며
인생 승리의 날을 기다리며 산다.

꿈꾸는 푸른 숲

한 해 두 해 세월 흘러
푸른 숲 이룩되고
높은 하늘, 맑은 바람
푸른 숲은 춤을 추리라.

길고 깊은 저 숲속
억겁 신비 간직하고
쌓이고 쌓인 낙엽 밑엔
빗물 고여 저장하리라.

끝없이 펼쳐진 평온한 숲
무궁한 우리 삶 이어지고
무성한 푸른 숲 있어
수정 같은 맑은 물 흐르리.

태양 우러러 희망에 차니
아름다운 자연 빛나고
생명 품은 소중한 깊은 숲
밝은 내일을 꿈꾸리라.

산 속에 머문 사람

자연이 숨 쉬는 축복의 공간
즐겁게 노래 부르는 산새들
산새들도 사랑을 아는지
삶의 고달픔을 노래로 엮는다.

자작나무 줄기 위로
다람쥐 두 마리가
이리 왔다 저리 갔다 바쁘다.
그들의 세계에서도 사람처럼
사랑의 고운 느낌을
서로서로 몸짓으로 표현한다.

세상속의 작은 인간들
영과 육이 하나같이
산속의 깨끗한 꽃처럼 핀다면
별빛 보다 더욱 빛나리라.

안개꽃

내 마음에 닿는 참 모습
그 어디에서 와서
순백의 떨림으로
이렇게 아름답게 피었나.

방안 가득히 번지는
천사의 착한 미소
좁은 가슴 벅차게 하는
위대한 생명의 환희.

아련한 기품으로
잊지 못할 상념 안고
잔잔하게 피어난
내가 좋아하는 안개꽃.

순진무구한 모습
깨끗하고 애잔한
화려함 보다 고상한 꽃
나는 넋을 잃고 바라본다.

해바라기 연가

내 곁에 오래도록
붙잡을 수 없는 님을
바라보다, 바라보다
피어난 해바라기 꽃.

가슴은 모조리 다 타
까만 숯덩어리로
알알이 까맣게
씨로 꽉찬 해바라기 꽃.

님의 얼굴 떠오르면
고개 들어 하늘 보고
미소 짓는 모습으로
해님 보고 피어나는 꽃.

머나먼 나라로 떠나신
그리운 우리 님 생각
사랑의 쓰디쓴 뿌리
가슴 깊이 묻고 사네.

산을 좋아하는 마음

내가 산을 좋아하는 이유는
바람소리, 물소리, 새소리 들으며
흰구름 흐르는 신비로움을 보고
그 푸른 하늘 우러러
아름다운 대자연의 품속에
조용히 안기고 싶어서이다.

곳곳의 웅장하고 묘한 바위들의
침묵을 배우기 위함이요
험한 산벼랑 사이에
굳게 뿌리 내려 천년세월을
불평 없이 살아가는 노송의
인내를 배우려 함이다.

내가 산에 자주 오르는 것은
대자연의 아름다움을 감상하고
삼라만상의 오묘한 조화를
몸소 경험으로 느끼며
우주의 정확한 질서를
바르게 알고 지키려 함이다.

은행나무 두 그루

고향집 선산인 뒷동산에
커다란 은행나무 두 그루
정답게 마주보고 서 있는데
햇살이 노란색으로 따뜻하게
찬란히 쏟아진다.

정 없는 무정한 세월
이 나라 역사의 아픈 흔적을
깨끗이 묻어버리려
은행잎은 고엽으로 변해
한잎 두잎 떨어진다.

은행 잎은 바람결에 날아서
나무 밑에 소복이 쌓이고
은행나무 꼭대기엔
다정한 까치 두 마리가
기쁜 소식 전하는 듯하다.

이름 모를 스님

소나무 들어찬 깊은 산
바람소리 섞이어
풍경소리 들리는데
사방엔 숨죽인 눈발이
고요히 내리고 있다.

절 간 방 한가운데
무릎 꿇고 자리한
이름 모를 스님 한분
달마와 너무 꼭 닮아
분간키 어려울 정도였다.

하늘을 받아들이고
땅에 자비를 베푸는
세상을 등진 염불하는 스님
차라리 험한 풍진 세상을
볼 수 없음이 다행한 천혜.

정월 대보름 들불 축제

많은 인파가 물결치듯 모였고, 제주도의 넓은 들 한 가운데 짚단을 산처럼 쌓아 불을 붙여 타오르는 불꽃은 지구상의 전 세계를 밝혀주며, 우리가 소망하는 바램을 이루어준다니, 대보름 들불 축제는 많은 감동을 주었다.

따뜻하고 열정적인 들불 축제는 많은 사람들에게 더 큰 희망과 꿈을 주며, 어려움과 나쁜 기운을 불길 속에 날려 보내고, 모든 이의 건강과 행복을 기원해주며, 고유의 풍습을 길이 보존함이 뜻 깊었고, 성공적인 축제의 한마당이었다.

우리 조국과 한강

서울의 아들 집에 왔다가
시내 나들이 계획으로
여의도 63빌딩에 올라보니
우리나라 제일의 한강이
가슴 벅차게 한 눈에 들어온다.

한강의 줄기 따라
세계적인 국제도시로
하루가 다르게 변모하는
수도 서울의 발전상이
놀랍도록 역력히 펼쳐진다.

찬란한 21세기를 향해
세계 중심의 우리 조국
예부터 오늘까지, 아니 영원토록
서울에 맑은 한강 흐르고
붉은 태양은 우리 조국 비춘다.

제 4 부

내 마음

2010년 10월 16일
한국현대 동시조
문학상 수상 후 인사

내 마음

귀뚜라미 슬피 우는 밤이면
먼저 가신 당신 생각
아픈 마음 너무 간절해
가슴 시려 눈물이 솟구친다.

함박눈이 펑펑 내리면
우리 형제 한자리 모여
밤새도록 옛 이야기 나누며
한없는 우애 다지고 싶다.

둥근 보름달을 바라보면
대범한 사랑이 지극하셨던
친정어머니의 큰 은혜
꿈에서도 잊을 수 없다.

화장하는 내 모습

지상의 아름다운 꽃도
제철이 지나면 시들고 져서
한 줌의 흙으로 쓸쓸히 가듯이
우리 인생도 세월이 흘러가니
미워지며 늙어가기 마련이다.

아침마다 세수하고
거울 앞에 다소곳이 앉아
자신의 비춘 얼굴 바라보면
나이테 짙어가는 자화상
변해가는 내 모습 애처롭다.

정성으로 찍어 바르고
거듭 칠하고 손질을 해도
주름살 하나씩 늘어가니
나이만큼 자성하면서
마음 비워 열심히 살아가자.

내리 사랑

어려서 귀엽던 장난꾸러기
놀기 좋아하고 말썽도 부렸던
짓궂던 애물단지 막내둥이
그 누구보다 잘 키우고 싶었던 어미.

더 없이 사랑했던 자식들
어느덧 자라서 제 길 찾아
하나, 둘, 모두 내 곁을 떠나니
슬픔을 삼키며 말없이 사는 어미.

담배 많이 피우지 마라
날마다 술 마시면 나중에 병이 된다.
잔소리 퍼붓는 어미 심정
걱정이 많이 되는, 내리 사랑 어이하리.

삶이란 무엇인가

인간의 삶의 시작은
어느 시대 어디에서 왔는가.
끈덕지게 모질고 질긴
생로병사의 몸부림이다.

병고의 많은 시름도
인생의 외로운 아픔도
참음으로 굳세게 견뎌가는
인고의 움직임이다.

세월을 보내는 서글픔을
한 가닥 바라는 소망에
기다리며 사는 삶은
돌아가는 수레바퀴이다.

우리네 힘든 삶이란
이렇다 할 시작이 없는
정확한 끝을 모를 여정
알 듯 모를 한 자락이다.

토굴 새우젓·재래맛김 대축제

홍성의 유명한 토굴 새우젓과 재래김을 홍보한다고 1996년부터 매년 10월이 오면 김장철을 앞두고 광천 읍내 일원에서 토굴 새우젓 담기, 바닷물 김치 담그기, 오서산 억새풀 등반대회, 즐겁고 유익한 행사가 다양하게 펼쳐진다. 행사 기간에는 품질 좋은 젓갈도 싼 값으로 구입 할 수 있어 좋다.

대전 중앙시장 풍경

경제사정 안 좋아 먹고 살기 힘겨운 요즈음, 사이좋게 자리 잡은 어물전 좌판들, 싱싱한 여러 가지 생선을 파는 아저씨가 시장 보러 나온 주부들을 불러 모으네.

좁은 시장 골목에 다닥다닥 붙어있는 가게들, 줄줄이 물건 사려는 사람들, 저녁 찬거리로 생고등어 손질하는 아저씨, 대전 중앙시장 하루해가 저물어 가네.

하루 일을 마치고 먹자골목에 다정히 앉아 막걸리 한 사발씩 마시는 노부부, 젊었던 지난날은 꿈결인 듯 가버리고, 흐르는 세월자락에 걸터 앉아있네.

고향 가는 길

어렸던 시절 시골 고향집에 가려고
이십 리 고갯길 잘도 걸었지.
긴 개울물 천천히 흐르고
옆 산에는 소나무가 빽빽이 서 있던 길.

신발 벗고 징검징검 개울로
송사리 피라미 잡으려고
안간 힘을 다 써 봐도
잡지 못해 허탕치고 다시 건던 길.

고향집이 있는 동네에 들어서면
사방엔 산이고 논밭이 펼쳐졌고
돌담이 그림처럼 둘러쳐진 우리 집
집 앞엔 바가지 샘이 퐁퐁 솟던 길.

고향 생각

구비 구비 고개 넘어
강줄기 따라가던 내 고향
물소리는 언제나 향수를 부르고
부지런하시던 어머니 모습이 아른대는
두메산골의 고향집에 가고 싶다.

나 젊었을 때
고향 마을에 들어서면
작은 우물 바가지 샘을 지나
우리 집에 들어서면
허술한 돌담 위에 호박 넝쿨도 마중 나오고
호박꽃도 나를 반겨 주었다.

키가 작았던 친정 할머니
나만 보면 복스럽게 생겼다 하시며
더없는 사랑으로 예뻐해 주셨다.
지금쯤 많이 변해 있을 고향집
하늘만 빤하던 고향 생각 그립다.

그리운 고향 산천

사랑 깊은 어머니의 따순 가슴
모성애의 첫사랑을 배운 곳
삶의 첫 걸음 터득하여
씩씩하게 세상 속으로 걸어 나온 곳.

조상의 한 핏줄 뿌리 내린 곳
향토 속에 전통을 이어 온 곳
우애 깊은 형제들 손잡아 이끌고
한 울안 한 뜨락에서 자랐다.

적성에 맞는 공부를 하고
특기를 살려 열심히 노력하며
목표를 향해 힘껏 달려가는 삶
고향 산천 가꾸고 잘 지키련다.

백발의 할아버지

두메산골 고향 동네
우리집 뒤의 선산에서
산새들이 우짖는데
이끼 덮인 바가지 샘
물맛이 절로 난다.

고요한 산골 고향집
돌담 위엔 호박이 익어가고
외양간의 송아지
음매 음매 엄마 찾다가
잠시 쉬고 있다.

흰구름 둥실둥실
자유로이 흐르는데
백발의 우둔한 할아버지
슬픈 눈빛으로 멀거니
무엇을 생각하고 계시는지.

고향집 여름밤의 추억

밤하늘에 반짝이는 별빛, 고향집 마당에 큰 멍석 깔고 할머니와 언니, 나 마주앉아 할머니의 옛날이야기 듣던 어린 시절, 매캐한 모깃불 연기 쫒던 고향집.

손녀라면 어쩔 줄 모르던 할머니, 무조건의 사랑 태산같이 주시고 옥수수와 고구마 삶아 주시던 할머니, 그리운 나의 어린 시절, 내 가슴에 젖어드는 여름밤의 추억.

산골의 고향집 떠나온 지 수십 년, 눈감고 조용히 생각하니, 세월은 바람처럼 유수같이 흐르고 청춘은 다가고 서러운 노파 되어 향수에 취해 보는 여름밤의 추억.

고향에 살리라

따가운 햇볕 아래, 보모님과 함께 흙 주무르며, 밭 매고 풀 뽑고 씨 뿌리던 곳. 적삼, 등거리, 바지의 땀 냄새, 나는 그 품에서 살아왔다.

한 길을 곱게 걸어가신 어머니, 시어머니 모시고 사셨던 우리 어머니, 도시에 취직되어 떠나는 아들 보며, 어머니는 좋아라 신이 났지만, 우리 집은 농사일 걱정이 태산 같았다.

해질 무렵 사랑 부엌에서 쇠죽 끓이시는 어머니의 모습, 소 몰고 집으로 돌아오시는 삼촌, 나는 고향의 둥지 그리워 멀리 마다않고, 아름다운 고향 산천 이 땅에 살고 싶다.

강가의 유채꽃

단잠에서 깨어나 아지랑이 피어오르는 새벽의 강가를 걷기 운동하려고 서둘러 나서니 유채꽃이 미소로 인사한다.

세월 따라 피어난 꽃무리, 푸른 하늘 아래 풍경, 너울너울 춤을 추는 노란색 물결치는 유채꽃, 아름다운 한 폭의 풍경화이다.

흐트러짐 전혀 없이 다복다복 정으로 한데 모여 소근소근 속삭이며 손짓하듯 사랑스런 표현, 물빛 보다 더 고운 유채꽃.

정원에 피는 꽃

작은 정원 나무들
정성으로 물을 주며
마른 잎은 떼어내고
자식 키우듯 가꾸니
화단에 피는 꽃
사랑 미소 짓네.

긴긴 여름날
비 한 줄기 그리워
푸른 하늘 기도하다 바라보니
꽃을 사랑하는 단비가
온 세상에 내리니
예쁜 꽃과 정든 나무가
쑥쑥 자라네.

성묘 길에서

70평생 군소리 없이 살아온 나, 시리고 아픈 마음 추스르며, 견뎌온 인고의 세월, 나도 머지않아 한줌의 재가 되어 저— 무덤 속으로 들어가겠지. 저— 만큼 세월 흐르면 그 누가 기억이나 하랴. 성묘 마친 내 발길 너무도 무겁다.

총총히 걷던 내 발자국 끊기고, 흥얼대던 노래 멀어지고, 병석에서 숨소리 들리지 않으면 이제 어디로 가야하나 허전해지는 마음, 슬퍼도 조상님 산소 찾고 그리워도 찾아오는 산소, 우리 삶의 종착역은 무덤으로 통하는 길이다.

노을빛의 우리 사랑

그리운 그대여,
아름다운 석양 노을 바라보며
내 가슴에 순수한 영혼 심어
추억 속의 절절하였던 그 감회
노을빛의 우리 사랑 잊지 않으리.

보고픈 그대여,
신비스러운 노을이 질 때면
스산한 바람 속 외롭고 답답한 마음
그대의 정념은 노을빛이 되어
나의 아픔 알뜰히 씻어 주노라.

사랑하는 그대여,
난, 붉은 노을 넘어가기 기다리다
그리운 그대의 영혼과 만나
지난 추억의 갈피 속에
아픈 우리 사랑 곱게 접어 두리.

그대와 대화하는 시간

적막을 깨트리고
따뜻한 방에서
그대와 대화하는 시간
마음은 정직하고
눈빛은 착하고 순수하다.

꼭 쥔 그대와 나의 손
따순 온기 흐르고
무슨 말을 먼저 할까
허공을 메꾸는 입김
은은한 미소 속에 진실이 오간다.

어느새 마음은 집시되어
목적지를 향해서
한없는 여정 길 꿈꾸며
이제 막 출발 하려는 자세인 듯
그대와 내 앞에 서광이 비친다.

가을 어느 날의 연가

가슴 벅차도록
당신의 그리움으로 피어나는
가을의 하늘은 높고 높다.
당신 생각 골몰하면
언제나 무형으로 보이다가
사라져 가는 당신.
처진 어깨의 뒷모습 생각하니
빈 가슴 무너지는 아픔이 인다.
옛날의 당신,
감정이 있는 듯, 없는 듯
멋이라곤 없었던 당신,
재미도 없고 무뚝뚝한 태도
하지만 그 누구보다도
사랑과 믿음이 넘쳤던 당신,
이내 몸 비록 늙어가도
당신이 주는 빛깔은 여전하겠지.

그이와의 이별의 끝

길고도 괴로웠던 아픈 밤
대, 소변도 못 보는 불쌍한 그이
온 몸에 주렁주렁 링겔 줄 꽂고
헐떡이며 숨을 고르는 그이
안쓰럽고 가엾어 볼 수가 없었다.

과거도 현재도 모두 잊고
편안한 마음과 몸으로
일년내내 꽃피고 새가 우는
하늘나라로 올라가려는 당신
당신 곁에서 밤을 지새운다.

사랑했던 식구들 뒤로 남기고
두눈 조용히 감고 말없이
당신은 기어코 먼 별 나라로
기나긴 이별은 시작되고
모든 것은 영원히 끝이 났다.

그대 떠나던 날

그대 하늘나라로 멀리
말없이 훌쩍 떠나던 날
내 가슴 무너져 내렸소.
꽃피는 사랑의 천국에는
행복만이 넘칠 것이라는
우리의 소망은 동화 속의 이야기.

그대는 내 가슴에
그리움이란 아픈 가시를
무정하게 꽂아놓고
미련 없이 떠나 버렸고
정표로 나눈 하얀 손수건에
얼굴을 묻고 한없이 울었소.

못다 한 우리의 고운사랑
영원하지 못하고
그대는 속절없이 떠나갔으니
내 가슴 갈기갈기 만신창이 되고
이 아픔 싸매 줄 손길 없어
노을만이 붉어 눈물겨웠소.

철나자 세상 뜬다하지

마음속의 깊은 시름
무엇으로 쓸어 없앨까.
수십 년 쌓인 응어리
언제나 말끔히 풀려 나갈까.
아직도 이따금 의미 없이 허둥대니
미숙한 내 인생 몰랐구나.
자신의 어리석음 가엾어라.
긍정적인 넓은 마음 지녀야 하리.
해마다 찾아드는
내 몸의 아픈 병마
나이드니 어쩔 수 없구나.
여기저기 약해지고 고장이 나니
헤어날 길 없는 고통은 오고
철나자 세상 뜬다 하니
벌써부터 겁부터 나는구나.
옛말이 틀림없는 철학임을 알겠다.

버들피리 부는 아이들

4월의 버들가지
사랑의 싹을 틔워
하루가 다르게 자라는
예쁜 연초록 잎
봄바람에 기분 좋아
흔들흔들 춤을 춘다.
겨우내 움츠렸던
밖이 그리운 아이들
어깻죽지 한껏 펴고
버들 호드기 만들어
삐리 삐리 삘리리
삐리 삐리 삘리리
신나게 불어본다.
잔잔한 봄의 햇살
올올이 퍼지고
살랑대는 꽃바람에
진달래가 흐드러져
언 가슴 활짝 열어
푸른 꿈 가득 안고
언덕길을 달린다.

우리집 문패

청주에서 대전으로 이사 오던 해
이층 양옥으로 튼튼히 지은
방이 많고 시설 좋은 우리 집에
작은 문패 하나 걸고 살았다.

대문에 들어선 모든 사람들이
이구동성 문패 보고 하는 말은
집 지키는 파수병의 이름이
건물에 비교하여 너무 작단다.

글자 어울리는 큼직한 문패로
바꿔 달자고 여러 번 의논 드려도
형식을 싫어하는 그이의 성격
한사코 마다하며 듣지 않았다.

난 어느 날 그이 이름 내 이름
하얀 곱돌에 검은 한자로 크게 새겨
나란히 대문 앞에 걸어놓았다.
화목한 우리 집의 위병이 되었다.

꽃잎 지듯이

생각에 잠긴 긴 밤에
여명의 새벽을 기다리며
밝은 아침 열려오면
쏟아지는 현란한 태양 빛난다.

싹이 트고 잎이 자라
꽃이 활짝 펴 열매 맺어
실한 보람의 열매 거둬들인
아름답게 피어본 나의 세월이여!

아웅다웅 웃고 울다
지친 세월 한 평생 지났으나
이룬 것 별로 없이
안타까운 지난 세월 덧없다.

뚝뚝 대지에 떨어진다.
낙엽 같은 외로운 우리 인생
후회하며 뒤돌아보지 않고
슬어지는 꽃잎처럼 떨어진다.

밤의 공허

수 많은 세월이 흘렀어도
밤이 주는 슬픈 공허는
채울 길 없는 텅 빈 가슴에
어쩔 수 없는 시간이다.

지난 과거에 아팠던 내 삶
초점 잃은 흐린 눈으로
무심한 허공을 응시 한 채
공상의 나래를 펴본다.

먼 곳의 무수한 별들
어두운 밤하늘을 밝혀주는데
내 마음에 빛을 주는 이 없으니
지난날의 그리움 한 없이 커진다.

밤하늘의 별아

복잡한 이 도시에
치솟는 빌딩이 아무리 높아도
밤 하늘의 별 보다
너무 낮아서
별에게 근접할 수 없을 거야.

지식이 쌓이고 쌓여
깨우침이 태산을 이룬다 해도
먼 하늘에 반짝이는
수많은 별의 지혜를
따를 수는 없겠지.

무수히 많은 별들아
한 여름의 지열이
아무리 뜨겁다 하더라도
별의 파란 그 열정을
잠재우지는 못하겠지.

아름다운 꿈

그 누가
다시 없는 아름다운 꿈을
별빛이 영롱한
밤하늘에 그렸을까?
땅에다가 그렸을까?

영원토록
착한 성품 고운 눈빛으로
정답게 속삭일 수 있는
사랑하는 사람 있었으면
얼마나 좋을까?

진실한
변함없는 그리운 사람 만나
행복하게 살고 싶은 소망,
긴 밤 지나 날이 새고 나면
허무한 꿈일지라도.

잠 못 이루는 밤이면

자정이 가까워진
외롭고 쓸쓸한 밤이면
내 흐릿한 눈동자는
당신을 찾아 헤매는
부지런한 방랑자가 된다.

너무나도 사무치게
사랑하는 마음 일면
따스한 가슴은 두근거리고
내 영혼 속에 자리한 당신은
살아 있는 생명이다.

행복도 불행도
언젠가는 가고야 말 人生
그 마지막 허무의 날을
잠 못 이루는 이 밤
난, 책상머리에서 생각한다.

세상 한가운데 사는 나

이 지구 한가운데에
나도 산다.
얽히고설키어 살아가는 세상
혼자의 힘으로는
살아가기 너무 어렵다.

스산한 바람이 불면
깃털처럼 날며
비가 오면 젖은 채로
눈이 오면 쌓인 채로
막막한 세상 한 가운데에서
오늘도 난 하루를 보낸다.

삶의 여정

삶이란
항상 저— 바다와 같다
거친 파도 위에
작은 조각배 띄운 것 같기도 하고
잔잔한 고요 속에
행복한 시간도 있으며
나아가 평화가 깃들기도 한다.

삶이란
항상 제자리 걷기와 같다.
하늘 밑 땅위에서
보이지 않는 목표를 향해
쉬지 않고 열심히 가도
항상 제 자리 걸음,
우리 긴 여로를 가고 있다.

저녁 놀

하루가 너무 빨리 지나가
뉘엿뉘엿 아름답게 져가는
무심한 노을만이
서산으로 넘으려 한다.

찬바람이 불어도
저녁놀은 붉게 타다가
저 멀리 허공 속에
막 침몰하려는 시간이다.

어디를 향해 가려는가.
남김없이 잊은 채
애타게 사라져가는 저녁놀을
오래도록 바라본다.

하늘이 맑고 푸른 날에는

하늘이 맑고 푸른 날에는
가슴을 쫙 펴고
어깨에 튼튼한 날개 달고
하늘을 날듯이
즐거운 마음으로
꿈과 희망을 가슴에 품고
하늘을 나는 새가 된다.

하늘이 맑고 푸른 날에는
내 마음은 젊음이 솟아나고
내 눈에는 사랑이 젖어오며
하늘을 날듯이
멋진 꿈을 꾸듯
잊지 못할 여운이 흐르는
아름다운 시가 줄줄 나온다.

은행 잎

찬바람 스산한 늦가을
하늘은 더없이 푸른데,
어지럽게 쌓여 있는
노오란 은행잎은
밟히는 걸음마다에
한 세월 다하고 뒹군다.

때 아닌 변란이 있었나?
비바람 몰아친 벼락 때렸나?
대자연 속에 파닥이던
초개같은 은행 잎사귀
계절의 흐름 앞에 흐느끼는
그 모습 더없이 아름답구나.

가슴 가득 희망찼던
푸르렀던 지난 세월
멀리 멀리 흘려보내고
샘물처럼 솟아나는 그리움 안고
계절의 모퉁이에서
오래도록 꿈속에 머물리라.

귀뚜라미 우는 밤

들볶는 것도 아닌데
슬픈 목소리로
목청을 높여 구성지게
귀뚜라미 우는 밤
난 어쩌란 말인가.

두고 온 보금자리 있어
마음 찢긴 울음인 양
아픈 침묵을 말끔히 깨고
내 마음 속을 시리게 하면
난 어쩌란 말인가.

지나간 옛 추억 새삼스레
못 견디게 그리움 짙어
긴긴 밤 잠 못 이루는
빈 가슴만 애처롭다
난 어쩌란 말인가.

비 내리는 숲에서

회색빛 하늘에서
비가 주룩주룩 내린다.
얼마나 큰 슬픔이 있기에
쉬지 않고
저리도 많은 눈물이.

뒤로는 산을 두고
나란히 줄 서 있는 울창한 숲은
너무 깨끗이 정갈하게
온 몸의
먼지를 씻어낸다.

행복하고 황홀한
푸른 부활을 꿈꾸며
숲은 좌우로 흔들거리며
신나게
열심히 연주하는 듯하다.

허공 속 낙엽 길

낙엽이 우수수 떨어진다.
지친 삶의 조각들처럼
나뭇잎의 아쉬움들은
허무와 외로움 되어 떨어진다.

낙엽의 슬픈 흐느낌일랑
이제 가슴에 곱게 묻고
고운 그림자로 남고 싶지만
허공 속으로 펄펄 떠날 수밖에.

낙엽 위에 또 낙엽이 쌓인다.
가을 끝자락에 바스락거리는 노래
내년을 기약하고 흐느끼면서
색바랜 낙엽이 외롭게 진다.

자연을 소중히 하자

충북 단양군 온달동굴을 관광하려고 여행을 떠났다. 옆에 강을 끼고 여러 시간 버스로 가는데 앞을 봐도 옆을 봐도 사람들이 산을 깎고 깨고 부수고 너무 보기 싫게 망가뜨렸다. 특용작물을 재배하여 돈 벌려고 층층 계단식 밭을 만든 것을 보았다.

우리들에게 은혜로운 산천초목은 베푸는 것이 더 많은 것을 모르고 어찌 눈앞의 욕심에 빠져드는가. 푸르던 산이 무너지고 패여 보기 흉하게 된 모습, 강엔 흙탕물이 흘러가고 계곡은 큰 아픔을 호소하니, 우리들은 자연을 내 생명처럼 소중히 하자.

자연과 인생

조혜식 시집 제21집

발 행 일 | 2016년 6월 30일
지 은 이 | 조혜식
발 행 인 | 李憲錫
발 행 처 | 오늘의문학사
출판등록 | 제55호(1993년 6월 23일)

주　　소 | 대전광역시 동구 대전로 867번길 52(삼성동 한밭오피스텔 401호)
전화번호 | (042)624-2980
팩시밀리 | (042)628-2983
홈페이지 | http://www.lito77.co.kr(홈페이지)
전자우편 | hs2980@hanmail.net

공 급 처 | 한국출판협동조합
주문전화 | (070)7119-1741~2
팩시밀리 | (031)944-8234~6

ISBN 978-89-5669-761-1
값 10,000원

* 이 책은 ㈜교보문고에서 E-Book(전자책)으로 제작 · 판매합니다.
* 잘못 제작된 책은 바꾸어 드립니다.